Trackliste der Audio-CD
Gesamte Spieldauer 61 Minuten

Track 1	Ansage		Track 8	Total verkracht
Track 2	Musikalische Einleitung		Track 9	Die Prinzessin und der Floh
Track 3	Leo und die Zaubernixe		Track 10	Mickis Zirkusüberraschung
Track 4	Ronja im Zauberland		Track 11	Unsichtbar wie der Wind
Track 5	Reise in der Seifenblase		Track 12	Ein Pony kommt selten allein
Track 6	Dachrinnen-Rallye		Track 13	Ein verrückter Zauberwettstreit
Track 7	König Knauser und der Jammerdrache		Track 14	Zauberkuddelmuddel

Christina Koenig
Zauberponygeschichten für 3 Minuten

Christina Koenig
wurde 1958 geboren. Nach Ausbildung und Studium arbeitete
sie in unterschiedlichen Berufen im In- und Ausland.
Heute lebt sie in Meißen, schreibt Bücher und Drehbücher
für Kinder und Jugendliche, macht Hörspiele und
schaut zu, wie die Kartoffeln wachsen.

Stefanie Dahle
wurde 1981 in Schwerin geboren und hat schon als Kind viele
Stunden damit verbracht, Bilderbücher anzuschauen oder
Zimmerwände zu bemalen. An der HAW Hamburg hat sie dann
Illustration studiert – und gestaltet heute selbst fantasievolle
und wunderschöne Bilderbuchwelten, in die man sich
stundenlang hineinträumen kann.

Christina Koenig

Zauberponygeschichten für 3 Minuten

Mit farbigen Bildern von Stefanie Dahle

Arena

6. Auflage 2020
© 2015 Arena Verlag GmbH,
Rottendorfer Str. 16, 97074 Würzburg
Dieses Buch ist erstmals 2010 erschienen.
Alle Rechte vorbehalten
Illustrationen: Stefanie Dahle
Audio-CD-Arrangement und Musik: Benjamin Wagner
Studio: Giesing Team
Sprecher: Sabine Bohlmann
Gesamtherstellung: Westermann Druck Zwickau GmbH
ISBN 978-3-401-70812-6

www.arena-verlag.de

Inhalt

Leo und die Zaubernixe	11
Ronja im Zauberland	17
Reise in der Seifenblase	22
Dachrinnen-Rallye	28
König Knauser und der Jammerdrache	34
Total verkracht	40
Die Prinzessin und der Floh	45
Mickis Zirkusüberraschung	50
Unsichtbar wie der Wind	55
Ein Pony kommt selten allein	60
Ein verrückter Zauberwettstreit	65
Zauberkuddelmuddel	71

Leo und die Zaubernixe

Pony Leo ist ein richtiges Leckermäulchen. Schon als er noch ganz klein war, suchte er überall nach besonders schmackhaften Grashalmen.

Kein Weg war ihm zu weit dafür und kein Zaun zu hoch. Kein Wunder, dass Leo heute am höchsten springen kann und der beste Langstreckenläufer weit und breit ist.

»Gras ist nicht gleich Gras«, hält Leo sogar manchmal Vorträge im Radio. Denn Leo findet, dass alle großen und kleinen Tiere über die unterschiedlichen Grassorten Bescheid wissen sollten. »Gras von einem Berg schmeckt ganz anders als Gras von einem Flussufer. Und Gras von einem Waldrand schmeckt ganz anders als Gras von einer Blumenwiese.«

Eines Tages nimmt Leo gerade einen kleinen Grasimbiss an einem See zu sich, als er ein leises Blubbern hört. Er hört sofort auf, zu zupfen und zu kauen, und spitzt neugierig die Ohren. Da sieht er zwei Fische unter der blinkenden Wasseroberfläche. Einen kleinen und einen großen.

»Komm mich doch mal besuchen, blubb«, sagt der kleine Fisch zu dem großen. »Ich wohne dahinten im Seegras. Das ist total lustig, blubb-blubb. Was glaubst du, wie das Seegras am Bauch kitzelt, wenn man da durchschwimmt.«

»Seegras …«, wiederholt Leo nachdenklich und bekommt prompt Heißhunger auf eine ordentliche Portion Seegras. Seegras, das hat er noch nie gegessen. Das muss etwas ganz Besonderes sein!

»Hallo, Fisch, du!«, ruft Leo schnell dem kleinen Fisch zu, bevor er in den Tiefen des Sees verschwindet. »Wo wächst denn das Seegras genau? Du musst nämlich wissen: Ich bin Leo, der größte Grasspezialist weit und breit!«

»Das Seegras wächst im See. Ist doch wohl klar, blubb«, antwortet der Fisch. Er findet die Frage ziemlich dumm. Und ohne weiter auf Leo zu achten, taucht er mit seinem Freund ab in die Fluten.

Leo betrachtet sein Spiegelbild auf der Wasseroberfläche. Wenn ich ein Seepferdchen wäre, überlegt er, könnte ich jetzt auch tauchen und Ausschau nach dem Seegras halten. Und dann könnte ich so viel davon essen, wie ich will.

»Probiere es doch mal aus, Leo«, hört Leo da ein zartes Stimmchen.

Leo schaut sich verdutzt um und entdeckt eine winzige, orange schillernde Wassernixe. Sie hat es sich auf einem Seerosenblatt gemütlich gemacht und nimmt ein Sonnenbad. Als ob sie Leo zeigen will, wie es geht, holt sie tief Luft und lässt sich mit einem eleganten Kopfsprung ins Wasser gleiten.

Leo holt auch Luft, nimmt Anlauf und landet mit einem lauten »Platsch!« im See. Dann strampelt er mit den Hufen und versucht hinabzutauchen. Aber es klappt nicht. Leo bleibt oben. Sosehr er sich auch bemüht.

Da klettert die kleine Wassernixe auf Leos Rücken und zupft ihn dreimal am linken Ohr. Wie durch Zauberei wachsen Leo plötzlich Flossen an den Hufen, wie bei einem Frosch! Mit den Flossen ist das Tauchen ganz einfach.

Leo taucht glücklich an den Seerosen vorbei, winkt ein paar Fischkindern zu und dann kommt auch schon das Seegras in Sicht. Wie lange Nixenhaare schwebt es im Wasser.

Der hungrige Leo reißt sein Maul auf und will gerade herzhaft zubeißen, da geht ihm auch schon die Luft aus. So schnell er kann, taucht er wieder an die Wasseroberfläche zurück, um nach Luft zu schnappen.

»Ein Seepferdchen müsste man sein«, schmollt Leo. »Seepferdchen haben Kiemen und können unter Wasser atmen.«

Da zupft ihn die kleine Nixe wieder am Ohr. Dreimal. Leo spürt ein kleines Kribbeln und Kneifen an seinem Hals und da hat er auch schon Kiemen wie ein Fisch. Nun kann er in aller Ruhe tauchen und Seegras fressen. Zugegeben, ein bisschen zäh schmeckt es schon und es knirscht zwischen den Zähnen. Aber es hat eine interessante Würze, die Leo vorher noch nie geschmeckt hat.

Als die Sonne untergeht, kommt Leo nach dem langen Ausflug müde und satt zu Hause an. Seine Freunde haben sich schon ernsthaft Sorgen um ihn gemacht. Als Leo jedoch von seinem Seegras-Abenteuer erzählt, will ihm keiner glauben.

»Seegras wächst doch im Wasser«, grunzt Lilli, die Schweinedame. »Das ist nur was für Seepferdchen, das weiß doch jeder.«

»Nicht nur«, sagt Leo schelmisch und leckt sich die Lippen. »Jedenfalls nicht, wenn man eine kleine Wassernixe als Freundin hat.«

Ronja im Zauberland

Ronja und Clemens stöbern auf dem Schrottplatz herum. Ihr Papa sucht ein Ersatzteil für sein Auto und das kann lange dauern.

»Was es hier alles gibt«, staunt Clemens. Er steht auf einer wackeligen Blechtonne, wie ein Kapitän, der nach Land Ausschau hält. »Die reinste Fundgrube ist das! Würde mich nicht wundern, wenn man hier sogar richtige Schätze finden kann.«

»Schätze? So ein Quatsch«, meint Ronja. »Auf einem Schrottplatz gibt's keine Schätze. Da gibt's Schrott. Sagt doch schon der Name.«

»Und was ist das da?«, fragt Clemens und zeigt auf das hintere Ende des Geländes.

»Was denn?«, will Ronja wissen und wird nun doch ein bisschen neugierig. »Lass mich auch mal hoch.«

»Das ist ja ein richtiges Karussell!«, staunt Ronja, als sie auf der Tonne steht. »Los, das sehen wir uns mal genauer an!«

Aus der Nähe betrachtet, macht das Karussell allerdings einen ziemlich jämmerlichen Eindruck. Überall blättert die Farbe ab und das Holz des Baldachins ist über die Jahre total verwittert.

»Komm mal her, Clemens, hier ist noch ein kleines Pony!«, ruft Ronja da von der anderen Seite. »Die übrigen Figuren sind aber leider alle weg.«

Und wirklich. Einsam und verlassen steht da ein einzelnes Holzpferdchen, als warte es schon Jahre vergeblich darauf, dass sich ein Kind auf seinen Rücken setzt, um sich mit ihm im Kreis zu drehen. Als Ronja gerade aufsteigen will, taucht ihr Papa am Karussell auf. Er hat das Ersatzteil gefunden und möchte sofort nach Hause fahren, um es einzubauen.

Ronja erzählt aufgeregt von dem kleinen Pony. Sie hat sich richtig in das hölzerne Pferdchen verliebt. Aber ihr Vater scheint überhaupt nicht zuzuhören.

Drei Tage später hat Ronja Geburtstag. Als sie früh am Morgen auf die Terrasse flitzt, wo der gedeckte Geburtstagstisch bereits auf sie wartet, bekommt sie große Augen: Mitten auf dem Rasen steht das kleine Karussellpony!

Ronja erkennt es kaum wieder, so hat es sich verändert: Sein Fell ist glänzend weiß, sein Sattel wie neu und seine Augen leuchten!

Die Geburtstagsüberraschung ist gelungen! Einen Moment später sitzt Ronja schon oben im Sattel.

»Hüa – hüa, Pferdchen lauf!«, ruft Ronja ausgelassen. »Wir reiten jetzt ins Zauberland!«

Da klimpert wie aus weiter Ferne Karussellmusik herbei. Ronja schließt verträumt die Augen. Die Musik wird lauter und lauter und sie reiten geradewegs auf einen bunten Jahrmarkt zu.

Ein Feuerschlucker empfängt Ronja mit meterhohen Flammen. Und ein Indianer schießt Pfeile auf eine Bretterwand, vor der ein mutiger Mann steht. Aber dem Mann passiert nichts. Denn die Pfeile landen alle im Holz. Dann reiten sie an einer raunenden Menschenmenge vorbei, in deren Mitte ein riesiger Bär auf zwei Tatzen tanzt.

So einen Jahrmarkt hat Ronja noch nie gesehen! Alles scheint irgendwie anders zu sein. Wie aus einer weit entfernten Zeit.

Aber das Beste kommt noch: ein wunderschönes Karussell mit einem farbenfrohen Baldachin und zwölf kleinen Holzponys, die sich endlos im Kreis drehen. Auf ihren Rücken johlen und lachen Kinder. Als Ronja genauer hinsieht, erkennt sie das Karussell vom Schrottplatz! Ihr kleines Pony ist auch dabei. Es ist das hübscheste von allen.

»Können wir jetzt wieder nach Hause reiten?«, fragt Ronja ihren kleinen Freund, als sie dem Karussell ein ganzes Weilchen zugeschaut hat. Schließlich wartet ja ihr Geburtstagsfrühstück auf sie.

Da findet sie sich auch schon mit ihren Eltern und Clemens zu Hause im Garten wieder.

»Danke für das Zauberpony!«, ruft Ronja ihren Eltern zu. »Das ist das schönste Geburtstagsgeschenk, das ich je bekommen habe!«

»Zauberpony?«, fragt Clemens und zeigt Ronja einen Vogel.

Aber Ronja lacht nur und lädt Clemens ein, hinter ihr auf dem Ponyrücken Platz zu nehmen. Und da erklingt sie auch schon wieder, die zauberhafte Jahrmarktmusik. Und einen Moment später dreht sich die ganze Welt im Kreis.

Reise in der Seifenblase

Das kleine rosa Pony scharrt unwillig mit den Hufen. »Warum bin ich bloß so ein langweiliges Seifenblasenpony?«, schimpft es vor sich hin. »Ausgerechnet auf einen Pustering für Seifenblasen musste man mich kleben. Wo es doch so viele andere tolle Orte gibt: eine Butterbrotdose zum Beispiel. Da wäre es viel schöner! Jeden Morgen würde man mich in den Kindergarten tragen und ich könnte zusehen, wie die Kinder spielen. Oder ein Superpony in einem Kinderfilm zu sein, das wäre auch toll!«

Das Seifenblasenpony seufzt. Am allerliebsten wäre es jedoch ein Pony hoch oben auf einer Fahne. Da könnte es fröhlich im Wind flattern und mit den Wolken Fangen spielen.

Einen Moment später wird das schmale Seifenblasendöschen von einer Kinderhand geschnappt und kräftig durchgeschüttelt.

»Aufhören!«, ruft das Pony erschrocken. »Sofort aufhören damit! Mir wird schon ganz schwindelig!«

Aber das Gegenteil passiert. Denn das Seifenblasenpony ist mitten in einen Kindergeburtstag geraten und wandert von einer Kinderhand zur nächsten. Jedes Kind will unbedingt die dicksten Seifenblasen blasen.

»Schaut mal, meine!«, ruft ein rothaariges Mädchen mit leuchtenden Augen. »Schaut mal, wie dick die ist und wie sie fliegt! Gleich ist sie über dem Dach und sie ist immer noch nicht geplatzt!«

»Los, gib her!«, rufen die anderen. »Wir wollen auch mal!«

Vor den Augen des rosa Ponys macht sich eine bunt schillernde Seifenblase nach der anderen auf die Reise. Manche haben es sehr eilig und schweben schnell davon. Andere lassen sich Zeit und wissen nicht so recht, wohin die Reise gehen soll. Eine besonders freche landet genau auf der Nasenspitze des rothaarigen Mädchens, wo sie in funkelnde Wassertröpfchen zerplatzt.

Nun schnappt sich ein pausbäckiger Junge das Seifenblasenpony.

Behutsam bläst er eine besonders große Blase. Sie wippt schwerfällig auf dem Seifenring und zögert loszufliegen.

Da nimmt das Seifenblasenpony all seinen Mut zusammen, wagt einen waghalsigen Sprung und landet mitten in der schillernden Kugel. Und kaum hat es in der Seifenblase Platz gefunden, löst sie sich vom Ring und schwebt langsam aufwärts. Sie fliegt über die Köpfe der Kinder hinweg, fliegt über den Kirchturm und höher und höher.

Dem rosa Pony wird ganz schwindelig vor Glück. Die Welt unten wird kleiner und kleiner und die Rufe der Kinder werden immer leiser, bis sie schließlich ganz verstummen.

Das Seifenblasenpony schwebt durch die Wolken, fliegt an den Sternen vorbei und landet schließlich auf dem Mond, wo die Seifenblase zerplatzt.

Dass es ausgerechnet auf dem Mond landen würde, hätte das Seifenblasenpony nicht gedacht. Aber wenn es schon mal da ist, kann es sich den Mond ja auch ein bisschen ansehen.

Neugierig galoppiert das kleine rosa Pony los, durchquert das Mondtal und klettert schließlich auf einen Mondkrater, um ein bisschen die Aussicht zu genießen. Da hört es von der anderen Seite des Kraters einen tiefen Seufzer.

»Warum muss ich ausgerechnet der Mann im Mond sein?«, brummt eine tiefe Stimme. »Warum bin ich nicht Feuerwehrmann geworden oder Eismann oder auch Müllmann. Alles wäre spannender, als einsam und verlassen auf dem Mond zu hocken. Etwas Langweiligeres gibt es auf der ganzen Welt nicht.«

»Sag das nicht!«, ruft das rosa Pony zu ihm hinüber. »Ich bin ja auch noch da! Wir könnten gemeinsam um den ganzen Mond reiten! Oder von einem Krater zum anderen springen! Was meinst du?«

Der Mondmann blinzelt das rosa Pony aus seinen sandfarbenen Augen misstrauisch an. Schließlich hat er nicht die geringste Ahnung, wie das Pony bei ihm auf dem Mond gelandet ist. Ein bisschen ungeschickt klettert er dann auf den Ponyrücken. Schnell wie der Mondwind prescht das rosa Pony nun durch die Weiten des Mondtals, bis sie hinter einem der vielen Mondkrater verschwinden.

Langeweile gibt es von nun an keine mehr. Das Pony und der Mondmann sind nämlich schon am ersten Tag dicke Freunde geworden.

Und manchmal, wenn der Mond voll und rund am Himmel steht, sieht man mit ein bisschen Glück, wie die beiden in den Mondkratern Verstecken spielen.

Dachrinnen-Rallye

Max kuschelt sich in sein Bett und schiebt das Kopfkissen unter seinem Kopf zurecht. Dann schlägt er sein Abenteuerbuch auf. Mindestens sechs Mal hat er die Geschichte mit dem reißenden Fluss schon gelesen. Er liebt diese Geschichte. Denn drei mutige Jungs, die auf einem selbst gebauten Floß einen reißenden Fluss hinabfahren, gibt es nicht alle Tage. Am liebsten würde Max das selbst einmal erleben. Aber er kennt weit und breit keinen reißenden Fluss. Und ein Floß bauen kann er auch nicht.

»Seit Tagen hat es fürchterlich geregnet und der wilde Fluss war längst über seine Ufer getreten«, liest Max. In seiner Fantasie kämpfen die Jungen mutig gegen die Strömung an und tun alles, um nicht ins Wasser zu fallen.

Max kennt die Geschichte so genau, dass er schon fast das Gefühl hat, mit den Jungen auf dem Floß zu sein.

»Pass auf, Tommy!«, brüllt Max, als sie sich der gefährlichen Stromschnelle nähern. »Hinter der nächsten Kurve beginnt die Teufelsströmung! Da fließt das Wasser besonders wild!«

Max springt auf und wankt in seinem Bett hin und her, als würde er auf einem tanzenden Floß das Gleichgewicht verlieren. Dabei hält er sich am Kopfende fest, damit er nicht ins Wasser fällt.

»Wir müssen es unbedingt schaffen, vor den Wasserfällen ans Ufer zu kommen!«, brüllt Max gegen die gurgelnden Fluten an. »Sonst sind wir verloren!«

Mitten in der wilden Floßfahrt fällt Max' Blick plötzlich auf die Ponytapete an der Kinderzimmerwand. Hat sich da nicht gerade etwas bewegt? Max vergisst den gefährlichen Fluss und schaut gebannt auf die Ponys der Tapete. Und wirklich! Das Pony mit den roten Punkten läuft geradewegs auf ihn zu.

»Wieso kannst du dich bewegen?«, fragt Max verdattert.

»Das konnte ich schon immer«, antwortet das Pony patzig. »Und wenn du nicht dauernd diese olle Flussfahrtgeschichte lesen würdest, hättest du es längst bemerkt. Was meinst du, wie langweilig es ist, jeden Abend dieselbe Geschichte zu hören?«

Max schluckt. Mit einem heimlichen Zuhörer hat er nicht gerechnet.

Das Pony blitzt Max aus seinen kastanienbraunen Augen an.

»Und wenn ich dir ein richtiges Abenteuer verschaffe? Ein echtes, das du selbst erlebst? Liest du dann eine neue Geschichte?«

Max ist sprachlos. »Klar«, sagt er dann schnell und ist gespannt, wie's weitergeht.

»Mach die Augen zu«, befiehlt das Pony. »Aber schnell!«

Max macht die Augen zu. Und kaum hat er sie geschlossen, schrumpft er schon auf Zwergengröße zusammen. Als er die Augen wieder aufmachen darf, ist er so klein wie das Tapetenpony. Ohne lange zu überlegen, schwingt Max sich auf seinen Rücken und schon geht es los. Das Pony reitet quer über die Bettdecke, das plötzlich ein großes Gebirge ist, springt mit einem gewagten Satz auf den Fußboden, von dort hoch auf die Fensterbank, um durch das offene Fenster in der regnerischen Nacht zu verschwinden. Max klammert sich an der Pferdemähne fest, um nicht herunterzufallen. In der

Ferne hört er rauschendes Wasser und einen Moment später reiten sie durch einen reißenden Fluss. Max spitzt aufgeregt die Ohren und befürchtet, dass sie geradewegs auf einen Wasserfall zusteuern.

»Vorsicht!«, kann er gerade noch brüllen, da ist es auch

schon zu spät. Das Pony stürzt sich kopfüber in die Fluten. Um sie herum gurgelt und wirbelt es. Max schlägt Purzelbäume vorwärts und rückwärts. Gerade noch rechtzeitig, bevor ihm die Puste ausgeht, landen sie in einer riesigen Pfütze unter dem Regenfallrohr.

»Sag bloß, du bist mit mir durch die Regenrinne geritten?«, fragt Max atemlos. »Mann, war das eine tolle Wasser-Rallye!«

Das Pony grinst. »Und hast du nun endlich genug von Flussabenteuern?«

Max nickt. Obwohl er ja am liebsten noch einmal . . .

Als Max am nächsten Morgen die Augen aufschlägt, will er sogleich das Zauberpony begrüßen. Erwartungsvoll schaut er auf die Tapete. Aber diesmal bewegt sich dort nichts. Alle Ponys stehen still, wie immer.

Trotzdem hält Max sein Versprechen, das er dem Zauberpony gegeben hat.

Er schnappt sich sein Abenteuerbuch, schlägt eine Seite weiter und ein neues Abenteuer beginnt.

König Knauser und der Jammerdrache

Als Ritter Rudi morgens die Augen aufschlägt, ist alles dunkel um ihn herum.

Ich bin blind!, denkt Rudi entsetzt. Dann merkt er jedoch, dass er abends nur vergessen hat, seine Ritterrüstung auszuziehen. Er klappt das Visier hoch und begrüßt erleichtert die Sonne, die in sein Zimmer strahlt. Da poltert Ritter Bert durch die Tür.

»Leg deine Rüstung an!«, will Bert losbrüllen, aber da sieht er, dass Rudi seine Rüstung ja schon anhat.

»Rudi!«, brüllt er deshalb nur. »König Knauser bittet uns um Hilfe! In seinem Reich hängt ein riesiger Drache am Himmel! Der ist so groß, dass er die ganze Sonne verdeckt!«

»Das ist wirklich schlimm«, sagt Rudi ernst. Denn ohne

Sonne ist alles nichts. Nur leider ist König Knauser nicht gerade Rudis Freund. Ein vergnatzter alter Kerl ist er, der seinem Hofstaat das Leben schwer macht. Und der wiederum macht den umliegenden Dörfern das Leben schwer, sodass es im ganzen Land nur noch Streit gibt.

»Los, beeil dich«, drängelt Bert. »Oder hast du etwa vergessen, dass wir versprochen haben, allen zu helfen, die in Not sind?«

»Bist du sicher, allen?«, fragt Rudi zaghaft. »Aber wie sollen wir denn gegen einen riesigen Drachen kämpfen, der am Himmel hängt? Können wir etwa fliegen?«

»Alles schon erledigt!«, brüllt Bert gleich wieder los. »Die Feenkönigin leiht uns für einen Tag ihre Zauberponys. Sie warten unten im Burghof!«

Bewaffnet bis an die Zähne, reiten die Freunde los, um dem garstigen Sonnenschlucker eins auszuwischen. Als der gewaltige Drache am dunklen Himmel auftaucht, greifen sie zu ihren Schwertern, feuern die Zauberponys an und preschen entschlossen durch die Lüfte.

Als sie den Drachen erreichen, geraten sie in ein fürchterliches Getöse aus Schimpfen und Stöhnen und Jammern, sodass Rudi schnell beide Zeigefinger in seine Ohren stopft. Aber Bert kämpft wie wild drauflos. Seine Schwerthiebe treffen allerdings immer ins Leere, obwohl er den Drachen genau vor sich hat.

»Ich glaube, das hier ist gar kein echter Drache«, schreit Rudi gegen das Schimpfe-Gewitter an. »Das ist ein Jammerdrache! Der hat sich aus den Streitereien des Königs und seiner Untertanen zusammengebraut. Kein Wunder, dass sich die Sonne versteckt! Wenn die Menschen wieder freundlich zueinander sind, haut der Drache bestimmt ganz von alleine ab!«

Ohne Zeit zu verlieren, jagen die beiden Ritter geradewegs in das Schloss von König Knauser. Der staucht gerade mal wieder seinen Hofstaat zusammen. »Ihr nichtsnutzigen, ausgeblasenen Eierköpfe!«, brüllt er. »Wenn ich gewusst hätte, dass …!«
»Halt!«, rufen Rudi und Bert. »Nicht weiterschimpfen!«
Der König wird knallrot vor Zorn. Schließlich ist er der König und kann schimpfen, so viel er will! Er holt tief Luft, um seiner schlechten Laune jetzt erst recht Luft zu machen, da haben Rudi und Bert ihm schon berichtet, was es mit dem Drachen auf sich hat. Dem König bleiben seine bösen Wörter im Halse stecken. Nachdenklich verschwindet er in seine Gemächer.
Erst nach sieben Tagen taucht der König wieder auf. Denn sieben lange Tage hat es gedauert, bis er es schaffte, einen freundlichen Gedanken zu denken.
»Ich bin froh, dass ich nicht alleine in meinem riesigen Schloss wohnen muss«, sagt er zögerlich und versucht ein Lächeln. Schließlich hat er siebenunddreißig Jahre nicht gelächelt! »Ehrlich gesagt, bin ich froh, dass es euch alle gibt.«
Der Hofstaat traut seinen Ohren nicht und macht große Augen. An so nette Worte muss man sich erst mal gewöhnen, nach so vielen Jahren. Als der König jedoch immer weiter lächelt, stimmen sie das Lied vom glückli-

chen Königreich an, das sie beinahe schon vergessen hatten.

Keine Frage, dass der Jammerdrache auf der Stelle ordentlich zusammenschrumpft. Nach zwei weiteren Tagen geben die letzten Schatten des Ungetüms die Sonne wieder frei.

Rudi und Bert sind freilich schon längst auf ihrer Burg. Schließlich mussten sie der Feenkönigin ja ihre Zauberponys zurückbringen!

König Knauser und sein Reich sind von nun an wie ausgewechselt. Und wenn König Knauser zwei Töchter hätte, würde er sie glatt mit Rudi und Bert verheiraten.

Total verkracht

Marie und Lena haben sich so richtig verkracht. Denn Lena hat schon wieder vergessen, Marie ihr Zauberponybuch zurückzugeben. Dabei hat Marie es nur ausgeliehen, weil Lena ihr hoch und heilig versprochen hat, es sofort am nächsten Tag wieder mitzubringen. Denn das Zauberponybuch ist Maries Lieblingsbuch. Das hat sie immer bei sich. Und nun wartet Marie schon eine ganze Woche darauf, dass Lena es ihr endlich zurückgibt!
»Weißt du, was? Ich glaube, du vergisst mein Zauberponybuch extra!«, zischt Marie sauer, als sie Lena zufällig am Sandkasten trifft. »Weil du es behalten willst.«
Jetzt ist auch Lena sauer. Sie findet es total gemein, dass Marie so etwas von ihr denkt. Sie hat das Buch wirklich nicht extra vergessen! Gestern Abend hat sie es sogar neben das Telefon in den Flur gelegt, um es mor-

gens nicht zu vergessen. Aber im entscheidenden Moment hat sie wieder nicht dran gedacht.

Als sich die Kinder um den Mittagstisch versammeln, sitzen Marie und Lena nicht wie sonst nebeneinander, sondern ganz weit auseinander. Beide sind wütend und traurig zugleich und haben überhaupt keinen Hunger.

Nach dem Kindergarten muss Marie immerzu an Lena denken. Sie bereut es ein bisschen, dass sie so gemein zu ihr war. Aber nur ein bisschen! Denn es ist ja wirklich doof, dass Lena immer wieder ihr Zauberponybuch vergisst.

Am nächsten Morgen geht Marie mit klopfendem Herzen in den Kindergarten. Aber es ist keine Lena da.

Ob sie etwa krank ist? Ohne Lena ist es gar nicht mehr so schön im Kindergarten.

Auch am Tag darauf ist nicht ein Ohrläppchen von Lena zu sehen. Jetzt vermisst Marie nicht nur ihr Zauberponybuch, sondern Lena noch dazu.

Da steht Arabella plötzlich vor Marie und hält ihr das Buch unter die Nase.

»Das soll ich dir von Lena geben«, sagt Arabella freundlich. »Sie hat eine Erkältung. Habt ihr euch gestritten?«

Marie reißt Arabella das Buch aus der Hand und sagt nichts. Am liebsten würde sie losweinen. Warum gibt Lena ihr das Buch nicht selbst zurück? Ob Lena jetzt Arabellas beste Freundin ist? Obwohl Marie ihr Lieblingsbuch nun wiederhat, ist sie immer noch traurig.

Nachts hat Marie einen merkwürdigen Traum: Das Zauberpony aus ihrem Lieblingsbuch fliegt mit ihr über die Dächer der Stadt zu dem Haus, in dem Lena wohnt. Dort steckt das Zauberpony eine Postkarte mit einem roten Herzchen in den Schornstein. Dann fliegen sie zum Haus von Arabella und lassen auch für Arabella eine Herzchenpostkarte in den Schornstein fallen.

Als Marie am nächsten Morgen wach wird, muss sie lachen. Einen Schornstein als Briefkasten – das hat sie ja noch nie gesehen! Dann zieht sie, ohne lange zu überlegen, ihren Bastelkarton unter dem Bett hervor, schnei-

det zwei Postkarten zurecht und malt auf jede ein leuchtend rotes Herz. In die Herzen schreibt sie die Namen Marie, Lena und Arabella. Ihre Mama hilft ihr dabei. Dann schreibt sie noch die Adressen von Lena und Arabella hinzu und klebt zwei Briefmarken darauf.

Als alles fertig ist, läuft Marie zum Briefkasten. Über die Dächer fliegen kann sie leider nur im Traum. Als Marie die Karten in den Briefkasten fallen hört, wünscht sie sich ganz doll, dass alles wieder gut wird. Am schönsten wäre es, wenn sie alle drei beste Freundinnen werden würden!

Zwei Tage später liegen zwei Herzchenkarten auf Maries Frühstücksplatz im Kindergarten. Zuerst bekommt Marie einen Schreck, weil sie glaubt, dass Lena und Arabella ihre Herzchenkarten nicht haben wollen. Aber dann sieht sie, dass es andere Herzchen sind. Es sind die Antwortkarten von Lena und Arabella!

Beim Frühstück sitzen plötzlich alle drei nebeneinander: Marie, Lena und Arabella. Und das ist überhaupt kein Zufall. Denn beste Freundinnen sitzen gerne nebeneinander.

Die Prinzessin und der Floh

Prinzessin Patti schaut in die weite Ferne. Zwei Jahre lebt sie nun schon im höchsten Turm der Welt. Ein böser Zauberer hat sie dorthin gezaubert.

Keine einzige Tür führt in den Turm, sodass nicht einmal eine Maus die Prinzessin besuchen kann.

»Wenn ich nur nicht so allein wäre«, sagt die Prinzessin traurig. »Wenn nur jemand da wäre, der mir Gesellschaft leisten würde.« Im nächsten Moment springt ein kleiner dunkler Punkt vor ihrer Nase auf und ab. Und als Patti genauer hinschaut, ist es ein Floh.

»Guten Tag!«, freut sich die Prinzessin. Sie hält ihren Zeigefinger hoch und der Floh hopst auf ihre Fingerkuppe. »Wo kommst denn du so plötzlich her?«

»Ich bin die ganze Zeit schon hier«, zetert der Floh. »Du hast mich nur nie bemerkt!«

»Ich würde so gerne wieder mit meinen Eltern im Schloss leben«, seufzt die Prinzessin. »Wenn ich das Königreich doch nur von seinem schlimmen Zauber befreien könnte.«

»Jaja«, sagt der Floh. »Fragt sich nur, wie. Was?«

Prinzessin Patti nickt.

»Was gibst du mir, wenn ich dir helfe?«, fragt der Floh keck. »*Ich* finde es im Turm ja ganz gemütlich.«

»Dann kriegst du eben den Turm, wenn du mir hilfst«, sagt die Prinzessin hoffnungsvoll.

Der Floh ist einverstanden. »Am anderen Ende der Welt

lebt ein Zauberpony«, erzählt er dann. »Das weiß ich von meiner Urflohoma. Es könnte dich befreien, denn es kann alles, was es will!«

Dann springt der kleine Floh mutig aus dem Fenster, um das Zauberpony zu suchen. Zum Glück landet er geradewegs im Gefieder einer Brieftaube, die zum Meer fliegt.

Am Meer hüpft der Floh in den Bart eines Piratenkapitäns, wo er es sich bis zur Landung am anderen Ende der Welt gemütlich macht.

Dort angekommen, hüpft der kleine Floh schnurstracks zur Zauberweide, wo er das Zauberpony findet.

Das Pony scharrt unruhig mit den Hufen, als der Floh ihm erzählt, was passiert ist. Schnell wie der Blitz jagen die beiden zurück über das Meer. Und Sekunden später fliegen sie bereits den höchsten Turm der Welt hinauf, wo die Prinzessin seit dem Morgengrauen Ausschau hält. Ehe sie noch begreift, wie ihr geschieht, findet sich Prinzessin Patti schon unten am Fuße des Turms wieder und reibt sich verwundert die Augen.

»Und wie kann ich nun den Zauber brechen?«, überlegt Patti. »Der böse Zauberer hat doch alles unsichtbar gemacht! Meine Eltern, das Schloss und alle anderen auch. Nur, weil meine Mutter ihn nicht zum ersten Hofzauberer machen wollte!«

»Schon wieder keine Ahnung, wie. Was?«, fragt der freche Floh. Aber diesmal weiß er auch keinen Rat.

»Kannst du singen, Floh?«, fragt da das Zauberpony und schaut den Floh prüfend an.

»Singen? Ich?« Der Floh quietscht vor Vergnügen. »Wenn ich singe, rennen die Leute um ihr Leben!«

»Sehr gut. Wunderbar«, überlegt das Zauberpony laut und schnalzt mit der Zunge. »Ich bringe dich sofort in die Zauberburg. Dort verschwindest du im Ohr des Zauberers und singst, so laut du kannst! Und erst, wenn der Zauberer das Königsschloss entzaubert hat und sich auf meinen Rücken setzt, hörst du auf damit, verstanden?«

»Verstanden«, antwortet der Floh. Ein bisschen mulmig ist ihm schon zumute.

»Aufhören!«, hört man kurz darauf den bösen Zauberer durch seine Zauberburg brüllen. »Sofort aufhören! Dieses Geplärre ist ja grauenhaft!«

Der Floh singt auf der Stelle noch lauter. Und es dauert gar nicht lange, da tut der Zauberer brav, was der Floh von ihm verlangt. Als er sich gerade auf den Rücken des

Zauberponys setzt und schnell noch nach seinem Zauberstein greifen will, der ihm die Zauberkraft verleiht, findet er sich bereits hoch oben im höchsten Turm der Welt wieder.

Zuerst ist der Floh ja sauer. Er wollte doch selbst in den Turm ziehen! Und auf eine Wohngemeinschaft mit dem bösen Zauberer hat er keine Lust. Als die entzauberte Königin ihn jedoch zum ersten Hoffloh ernennt, findet er das auch in Ordnung.

Prinzessin Patti, der kleine Floh und das Zauberpony sind von nun an unzertrennlich. Und mindestens einmal am Tag reiten sie um das ganze Königreich herum.

Mickis Zirkusüberraschung

Zisch! Knall! Die Peitsche des Zirkusdirektors saust dicht an Mickis Ohr vorbei. Und noch einmal: Zisch! Knall! Micki zuckelt brav hinter den anderen Zirkusponys im Kreis herum. Vor ihm geht Karlo, hinter ihm Olga. Wie immer.

Micki weiß auch schon genau, was noch alles passieren wird: In der nächsten Nummer wird Gloriflora, die Tochter des Zirkusdirektors, durch einen brennenden Reifen springen. Und in der übernächsten wird sich Krokodil Gustav in die mutige Gloriflora verlieben. Vor lauter Liebe und Aufregung wird er dann ganz rosa im Gesicht, wie ein kleines Ferkel. Es ist immer dasselbe. Micki weiß haarklein, was, wie und wann alles kommen wird. Denn eine Zirkusvorführung ist wie die andere. Als die Peitsche ein drittes Mal an Mickis Ohr vorbeiknallt, wird es Micki plötzlich zu bunt. Er kann dieses Geräusch einfach nicht mehr hören! Und er will es nicht mehr hören!

»Sehr verehrtes Pu-pu-publikum!«, brüllt der Zirkusdirektor gerade wie sonst immer in sein Mikrofon und muss dabei laut niesen. »Ich glau-glau-glaube, ich habe einen Floh in der Nase!«

Das Publikum lacht, wie immer. Und da kommt auch schon der brennende Reifen angerollt, durch den Gloriflora gleich todesmutig springen wird. Aber Micki hat keine Lust mehr auf Glorifloras Sprünge. Er will endlich etwas Neues erleben! Kurz entschlossen springt er

aus dem Kreis heraus, schnappt sich den brennenden Reifen, pustet die Flammen aus und klettert samt Reifen auf das Hochseil in der Zirkuskuppel.

Der Zirkusdirektor traut seinen Augen nicht. Denn diese Nummer kennt er nicht! Und eine Zirkusnummer, die der Zirkusdirektor nicht kennt, darf es doch gar nicht geben!

Aber Mickis Überraschungsvorstellung geht noch weiter: Er balanciert, hula-hoop, über die Köpfe der Zuschauer hinweg. Die Leute klatschen wie wild. So eine Vorführung haben sie noch nie gesehen! Auch der Zirkusdirektor klatscht zaghaft mit.

Der Einzige, der nicht klatscht, ist Krokodil Gustav. Der hätte sich nämlich längst in die Tochter des Zirkusdirektors verlieben müssen. Und Gustav verliebt sich gerne! Davon kann er gar nicht genug bekommen. Stattdessen balanciert der verrückt gewordene Micki auf einem dummen Seil herum!

Da zwinkert Micki Gustav zu, springt vom Seil herunter, schnappt sich den Ansagezettel vom Direktor, kritzelt einen neuen Text darauf und gibt ihn dem Zirkusdirektor in die Hand zurück.

»Und nun, mein heiß geliebtes Publikum«, liest der Direktor zögerlich und stockt, denn »heiß geliebt« findet er nun wirklich ein bisschen übertrieben. »Und nun darf

ich Sie zu einer waschechten Zirkushochzeit einladen. Meine Tochter Gloriflora heiratet Gustav, das Krokodil.«

Den Zuschauern schießen vor Rührung die Tränen in die Augen und auch dem überraschten Gustav kullern zwei dicke Krokodilstränen über die Wangen. Mit seiner eigenen Hochzeit hat er nun wahrlich nicht gerechnet und er wird knallrosa im Gesicht. Vor lauter Aufregung und Liebe.

Und noch ehe sich Gustav an den schönen Gedanken gewöhnen kann, trällert das ganze Publikum schon los: »Hoch solln sie leben, hoch solln sie leben, dreimal hoch!«

Auch der Zirkusdirektor singt lauthals mit, gespannt, was alles noch passieren wird.

Unsichtbar wie der Wind

Pony Pauline blinzelt in das Blau und Grün und Gelb der Blumenwiese. Acht lange Wochen ist es her, seit sie von dem garstigen Zauberer weggelaufen war. Pauline wollte nicht mehr in dem dunklen Stall leben, in den der Zauberer sie eingesperrt hatte, und wollte nicht mehr das faule Futter fressen, das er ihr vorsetzte. Als der Zauberer eines Abends vergaß, ihren Stall zu verriegeln, hat sie all ihren Mut zusammengenommen und ist davongelaufen.

Der Zauberer war sehr wütend, als er am nächsten Morgen Paulines leeren Stall erblickte, und hat sich mit einem bösen Zauber an ihr gerächt. Er hat Pauline eine Chamäleonhaut gezaubert. Jetzt kann sie niemand mehr erkennen. »Einsam sollst du sein und noch verlassener als früher«, feixte der Zauberer.

Nun ist Pauline auf grünem Gras so grün wie Gras und auf trockenem Gras ist sie gelb wie Heu. Galoppiert Pauline über braune Erde, wird ihr Fell auf der Stelle erdbraun. Und weil Pauline so von niemandem mehr erkannt wird und sie niemand mehr anspricht, fühlt sie sich tatsächlich manchmal einsam.

Aber heute ist ein besonders schöner Frühlingstag und Pauline liegt bunt geblümt auf einer bunten Blumenwiese und döst zufrieden vor sich hin. Sie denkt an ihren Freund Pit, den Küchenjungen vom Zauberer. Pit hat ihr manchmal ein paar Möhren zugesteckt, wenn der Zauberer es nicht gesehen hat. Und wenn der Zauberer verreist war, sind sie gemeinsam ausgeritten.

Pauline vermisst Pit sehr und wünscht sich nichts mehr, als dass er bei ihr ist.

Die Grashalme kitzeln Paulines Nase und Pauline wälzt sich übermütig herum, um sich die Zeit ein bisschen zu vertreiben.

»Ein, zwei, drei Gänseblümchen«, zählt Pauline. »Ein, zwei, drei, vier Löwenzahn. Und eins, zwei, drei, vier Kleeblumen . . .«

Plötzlich gibt es einen Ruck und etwas stolpert unsanft gegen Paulines Bauch.

»He, was soll das?«, ruft Pauline erschrocken und springt auf.

»E-entschuldigung«, stottert eine Jungenstimme. »Ist da jemand? Ich kann niemanden sehen!«

»Ich kann dich auch nicht sehen«, antwortet Pauline und schüttelt ihre Mähne.

»Ich bin der Küchenjunge vom bösen Zauberer«, beeilt sich die Stimme zu erklären. »Aber ich bin weggelaufen, weil ich meine Freundin Pauline so vermisse.«

»Und ich«, antwortet Pauline und würde vor Freude am liebsten laut loswiehern, »ich vermisse meinen Freund Pit so sehr. Er hat mir manchmal Möhren gebracht und mir Gutenachtgeschichten erzählt, wenn ich traurig war.«

»Aber ich bin doch Pit!«, jubelt Pit und möchte seiner Freundin am liebsten um den Hals fallen, wenn er den nur sehen könnte. »Bist du etwa auch unsichtbar?«, fragt Pit. »Hat dir der Zauberer auch eine Chamäleonhaut gezaubert?«

Pit macht ganz schmale Augen und linst in die Richtung, aus der gerade Paulines Stimme kam. Da sieht er zwei schwarzbraune Augen in der Blumenwiese leuchten.

»Ich kann deine Augen sehen, Pauline!«, freut sich Pit und fällt seiner Freundin nun doch um den Hals. »Deine Augen sind nicht verzaubert, die sind genau wie immer.«

»Und ich kann deine Augen sehen!«, freut sich Pauline, als sie in Pits Richtung schaut. »Wir sehen zwar aus wie eine Blümchentapete, aber unsere Augen kann kein Zauberer der Welt verzaubern.«

Glücklich schwingt sich Pit auf Paulines Rücken. Gemeinsam preschen sie los, reiten über die weite Wiese, futtern Himbeeren im Wald und halten am späten Abend Ausschau nach einem kuscheligen Plätzchen, wo sie die Nacht verbringen können.

Unsichtbar wie der Wind sind die beiden. Nur ihre strahlenden Augenpaare kann man mit ein bisschen Glück erkennen.

Ein Pony kommt selten allein

Lieselotte und ihre Brüder Leo und Ludwig lieben Ponys über alles. Die Regale in ihren Kinderzimmern stehen voll mit Pferdebüchern, an den Wänden hängen Pferdeposter und einmal in der Woche besuchen sie den Ponyhof im Nachbardorf. Dort helfen sie beim Striegeln und Füttern und beim Ausmisten der Ställe. Nur leider besuchen sie den Ponyhof viel zu selten! Am liebsten hätten die drei ein eigenes Pony, um das sie sich jeden Tag kümmern könnten. Aber das ist ihren Eltern viel zu teuer.

Zum Trost hat Lieselotte von ihrer Oma ein Kettchen mit einem kleinen silbernen Ponyanhänger geschenkt bekommen. »Es ist ein Zauberpony«, hat die Oma geheimnisvoll gesagt, als sie Lieselotte das Kettchen um den Hals legte. »Du musst es nur immer bei dir haben.

Und wenn du dir ganz doll etwas wünschst, wird es irgendwann in Erfüllung gehen.«

Lieselotte weiß nicht, ob sie das mit dem Zauberpony wirklich glauben soll. Denn bis jetzt ist ihr allergrößter Wunsch noch nicht in Erfüllung gegangen: ein eigenes Pony!

»Einmal in der Woche ist viel zu wenig ...«, mault Lieselotte, als sie wieder einmal schreckliche Sehnsucht nach ihren Lieblingen auf dem Ponyhof hat. »Wenn wir ein eigenes Pony hätten, könnten wir es jeden Tag besuchen.« Sie umfasst ihr kleines Silberpony fest mit der Hand, schließt die Augen und wünscht sich zum x-ten Mal ein eigenes kleines Wuschelpony.

»Ich wünsche mir ein Pony, ich wünsche mir ein Pony, ich wünsche mir ein Pony«, flüstert Lieselotte schon morgens vor dem Aufstehen. Und abends, vor dem Einschlafen, wünscht sie sich dasselbe.

Eines Tages, als die Geschwister gerade ihre Fahrräder aus dem Schuppen holen, um zum Ponyhof zu radeln, hören sie ein leises Wiehern.

»Spinne ich etwa?«, fragt Lieselottes Bruder Leo. »Oder hat da gerade ein Pferd gewiehert?«

Die Kinder bleiben wie angewurzelt stehen und spitzen die Ohren.

»Ich habe es auch gehört«, sagt Ludwig und schaut aus blitzwachen Detektivaugen zum Nachbargrundstück. »Ich glaube, es kam von dahinten.«

Die Kinder lehnen ihre Fahrräder gegen die Schuppenwand und kämpfen sich durch das dichte Gebüsch, das bis an den Zaun zum Nachbargrundstück reicht. Das Haus auf der anderen Seite ist seit ein paar Jahren unbewohnt. Aber jetzt hört man eindeutig Geräusche von dort.

Leo und Ludwig drücken ein paar Zweige zur Seite, damit sie rübergucken können.

Und wie durch ein Wunder sehen sie zwei braune, zottelige Wuschelponys auf der Wiese. Keine zehn Meter von ihrer Nase entfernt!

Lieselotte holt tief Luft. Ob das kleine Silberpony von ihrer Oma etwa doch ein Zauberpony ist?

»Das ist jetzt euer neues Zuhause, meine Süßen«, sagt eine rothaarige junge Frau, die mit einem Eimer Wasser bei den Ponys steht. »Ihr werdet euch bestimmt hier wohlfühlen. Und wenn ich einmal keine Zeit für euch haben sollte, dann …«

»… dann versorgen wir die Ponys!«, ruft Lieselotte, so laut sie kann. »Wir haben jeden Tag Zeit!«

Die Frau lässt vor Schreck die Mohrrüben fallen.

»Kommt doch rüber zu mir, Kinder«, ruft sie dann freundlich, als sie die drei in der Gartenhecke entdeckt.

Das lassen sich Lieselotte, Leo und Ludwig nicht zweimal sagen. Ruck, zuck kommen sie aus dem Gebüsch und laufen zu den Ponys.

»Das ist ja wunderbar, dass meine neuen Nachbarn so vernarrt in Ponys sind«, freut sich die Frau. »Dann müssen Liese und Lotte niemals allein sein.«

»Liese und Lotte?«, fragt Ludwig und knufft Leo grinsend in die Seite.

Aber Lieselotte schmunzelt nur. Sie ist ganz verzaubert. Von Liese und Lotte und dem großen Ponyzauber.

Ein verrückter Zauberwettstreit

Auf dem Hexenhügel Hollerbusch findet jedes Jahr der große Zauberwettbewerb statt.

Zaubereinhorn Zottel ist furchtbar aufgeregt. Denn er ist das erste Mal dabei.

»Hoffentlich bringe ich nicht alle meine Zaubersprüche durcheinander«, bibbert Zottel, als er neben einem kleinen Kobold auf der Teilnehmertribüne Platz nimmt.

»Ist mir auch schon passiert«, erzählt der Kobold. »Aber diesmal muss es einfach klappen! Denn der Gewinner darf im großen Zauberzirkus mitmachen. Und das ist schon lange mein größter Traum!«

Mit einem zauberhaften Feuerwerk startet nun der Wettbewerb.

Zuerst ist die Nummer eins mit Zaubern dran: das Zaubernilpferd Zulu aus Afrika. Die ganze Tribüne wackelt,

als Zulu zu der Zauberjury stampft, um zu zeigen, was es kann.

»Hokus, pokus, Hosensaum, ein Nilpferd leicht wie Seifenschaum«, brummelt Zulu und hebt im nächsten Moment leicht wie eine Feder vom Boden ab. Dann schwebt es wie ein Luftballon ins blaue Himmelszelt und ist bald ganz verschwunden.

Der Erste Zauberer kratzt sich am Kopf. So etwas hat er noch nie gesehen! Das Nilpferd bekommt acht Punkte. Obwohl es gar nicht mehr anwesend ist.

Jetzt muss die Nummer zwei nach vorne: die Schokofee aus Leckerland.

»Mäusespeck und Ferienbus, jeder kriegt 'nen Schokokuss«, wispert die Fee leise.

Und zack!, hat jeder einen dicken Schokokuss im Mund. Wilder Applaus bricht aus. Denn so ein Schokokuss hebt die Stimmung gewaltig.

»Acht Punkte«, verkündet die Zauberjury. Alle sind einverstanden.

Jetzt ist die Wetterhexe an der Reihe. Nach drei Jahren Zaubersperre darf sie endlich wieder mitmachen. Die Jury setzt vorsichtshalber schon mal Taucherbrillen auf. Denn vor drei Jahren hat die Wetterhexe einen so schlimmen Wolkenbruch gezaubert, dass alle Teilnehmer samt Punkterichter und Zuschauertribüne vom Hexenberg gespült wurden.

Die Hexe springt kreischend in die Luft: »Ob laut oder still, jeder kriegt das Wetter, das er will«, zaubert sie und rollt dabei mit den Augen.

Prompt drängeln sich dreizehn verschiedene Wetter auf dem Platz. Das hat die Welt noch nicht gesehen! Tobendes Gewitter neben brütendem Wüstenklima und sanfter Nieselregen neben Hagelkörnern groß wie Hühnereier.

Acht Punkte sind auch hier redlich verdient.

Nun ist der kleine Kobold dran.

»Viel Glück!«, ruft Zottel ihm nach und ist gespannt, wie's weitergeht.

Der kleine Kobold fängt vor Aufregung an zu stottern: »Zauzau-zauzauzauber...« Weiter kommt er nicht.

»Du schaffst es, kleiner Kobold!«, ruft Zottel überzeugt. »Mach nur die Augen zu beim Zaubern, das hilft!«

Der Kobold macht die Augen zu und zaubert noch mal von vorne: »Zau-zauberlust und Zirkuszelt sind das Schönste auf der Welt!«

Als der Kobold seine Äuglein wieder öffnet, hängen alle Blicke an der kobaltblauen Zirkuskuppel, die sich wie durch ein Wunder über ihre Köpfe spannt. Angestrahlt von tausend Funkelsternen.

Leider bekommt der kleine Kobold nur vier Punkte. Weil es nicht sofort geklappt hat.

Jetzt muss Zottel nach vorne und weiß plötzlich gar nichts mehr. Die strengen Punkterichter machen ihn ganz unsicher.

»Schau hoch ins Sternenzelt und vergiss den Rest der Welt!«, ruft der kleine Kobold ihm zu. Der Tipp funktioniert.

»Zauberglück und Zauberkreis, bin einmal schwarz und einmal weiß«, zaubert Zottel und verwandelt sich vor den Augen der Zuschauer in ein schwarz-weiß gestreiftes Zebra, dann in einen sahneweißen Schimmel und einen rabenschwarzen Rappen. Aber das ist längst noch nicht alles. Denn plötzlich wachsen weiße Punkte aus dem schwarzen Fell, ein weißer Schweif und eine weiße Mähne. Die reinste Zaubershow ist das!

Aber leider bekommt Zottel auch nur vier Punkte, weil es so lange gedauert hat.

Wenig später stehen die Sieger des Wettbewerbs fest. Der Kobold und das Zaubereinhorn sind leider nicht dabei. Aber Zottel gibt noch nicht auf! Schließlich möchte der kleine Kobold doch so gerne in den Zauberzirkus aufgenommen werden!

»Wir legen unsere Punkte zusammen, der kleine Kobold und ich!«, ruft Zottel den Punkterichtern zu. »Dann sind es genau acht und wir können uns einen Platz im Zauberzirkus teilen!«

Die Ehrenwerten Zauberer sind einverstanden.

So haben das Zaubereinhorn und der kleine Kobold doppeltes Glück: einen gemeinsamen Platz im Zauberzirkus und viele neue Zauberfreunde noch dazu.

Zauberkuddelmuddel

Hanna zieht ihre Gummistiefel an, schnappt sich eine Möhre für ihr Lieblingspony Greta und stapft in den Pferdestall. Als Hanna den Stall betritt, werden ihre Augen groß vor Staunen. Direkt über ihr hängt eine bunte Glitzergirlande, die in weitem Bogen bis über Gretas Box schwingt, und überall stecken kleine Papierfähnchen im Stroh. Aber das ist noch nicht alles. Rund um die Tränke blinkt eine festliche Lichterkette. Und das Wasser in der Tränke riecht nach Äpfeln!

Hanna glaubt zu träumen und kneift die Augen zusammen. Doch als Hanna die Augen wieder aufmacht, ist die Girlande immer noch da. Aber das Allerbeste kommt noch. Als Hanna Gretas Box betritt, hat das Pony plötzlich eine Dauerwelle! Wie frisch vom Friseur. Und vorne auf dem Kopf hat sie eine elegante rosa Schleife.

»Max, komm mal schnell in den Stall!«, ruft Hanna, so laut sie kann, quer über den Hof. »Hier ist was!«

Max ahnt Schlimmes und spurtet los, um seiner kleinen Schwester zu helfen. Als er jedoch die witzige Stalldekoration und Gretas neue Frisur sieht, muss er lachen.

»Das ist ja pure Zauberei«, staunt Max und nickt seiner Schwester zu. »Oder hast du eine andere Erklärung dafür, Hanna?«

Hanna überlegt. Pferdelocken und Apfelwasser – das muss schon Zauberei sein! Was sonst?

»Ob unser neues Pony vielleicht zaubern kann?«, fragt Hanna zaghaft und linst dabei rüber zu Pony Fritz, der eine Box weiter steht. Vielleicht ist Fritz ja ein Zauber-

pony. Aber Fritz knabbert nur harmlos am Heu herum und denkt überhaupt nicht daran zu zaubern. Dabei könnte er ihr ruhig einen Eisbecher zaubern oder was anderes Schönes, findet Hanna.

Hanna schielt immer wieder rüber zu Fritz. Er sieht wirklich genauso aus wie ein Zauberpony, findet Hanna. Denn nur Zauberponys haben ein geheimnisvolles »Z« auf dem Po. »Z« wie Zauberer. Plötzlich ist sie ganz sicher, dass Fritz ein Zauberpony ist.

»Wenn man ein Zauberpony hat, kommt man bestimmt ins Fernsehen«, freut sich Hanna. »Oder wir machen mit Fritz einen Zirkus auf. Dann werde ich Zirkusdirektorin.«

Marie macht eine tiefe Verbeugung, als würde sie mitten in einer Manege stehen und mit Fritz Zauberkunststücke vorführen. Fritz könnte den Frauen lustige Frisuren zaubern, den Männern rote Zwirbelbärte und den Kindern Berge von Zuckerwatte.

»Los, Fritz«, flüstert Hanna Fritz ins Ohr. »Zaubere noch ein bisschen für mich. Nur ein kleines bisschen...« Sie tritt einen Schritt zurück, um zu sehen, was passiert. Fritz stellt tatsächlich aufmerksam die Ohren auf, als wolle er jeden Moment loszaubern, lässt sie jedoch wieder sinken und schlürft ein bisschen Apfelwasser. Jedenfalls macht er überhaupt nichts Besonderes.

Vielleicht zaubert Fritz ja nur, wenn keiner es sieht, überlegt Hanna weiter. Ich werde mich heute Nacht im Stall verstecken. Dann wird er schon noch zaubern!

Als Hanna, Max und die Eltern beim Mittagessen sitzen, kommt Ella aus der Schule zurück.

»Die letzte Stunde fällt heute aus!«, ruft Ella freudestrahlend. »Super, was? Dann kann ich noch schnell einen Geburtstagskuchen backen!«

»Geburtstagskuchen?«, fragt Hanna. »Für wen denn?«

Ella schaut ihre kleine Schwester streng an. »Hast du etwa vergessen, dass unsere Greta heute Geburtstag hat?«

Max kichert los. Da geht auch Hanna ein Licht auf.

»Dann hast du die Girlande aufgehängt, Greta Locken gemacht und Apfelsaft in die Tränke geschüttet?«, fragt sie leise. »Dann ist unser Fritz ja doch kein Zauberpony.«

Ella kann über so einen Unsinn nur den Kopf schütteln. Dann geht sie zum Küchenschrank, um die Zutaten für den Geburtstagskuchen zusammenzusuchen.

Hanna ist wirklich enttäuscht, dass Fritz leider doch kein Zauberpony ist. Und dass aus der Zirkusdirektorin wohl auch nichts wird.

Als dann jedoch feiner Kuchenduft durch die Küche zieht, freut sie sich auf ein dickes Stück Geburtstagskuchen.

Vorlesegeschichten für 3 Minuten

Piratengeschichten für 3 Minuten

Oliver, Moritz und Püppi sind echte Piraten! Oder zumindest wollen sie welche werden. Dazu müssen sie aber zuerst einen Schatz erbeuten! Auf ihrer Reise übers Meer begegnen sie Seeungeheuern, Meeresbewohnern, Schiffbrüchigen und sogar einer echten Prinzessin! Bevor die drei kleinen Piraten wieder auf die Pirateninsel zurückkehren können, gibt es jede Menge Abenteuer zu bestehen.

Prinzessinnengeschichten für 3 Minuten

Für Clarita, Romi und Pina geht ein wunderbarer Traum in Erfüllung: Ein geheimnisvoller bunter Vogel schenkt ihnen drei magische Gegenstände, mit denen sie zu echten Prinzessinnen werden. Von nun an erleben die Mädchen viele zauberhafte Abenteuer.

80 Seiten • Gebunden
Mit farbigen Illustrationen
ISBN 978-3-401-70837-9

80 Seiten • Gebunden
Mit farbigen Illustrationen
ISBN 978-3-401-70693-9
www.arena-verlag.de